TRANZLATY

Language is for everyone

Язык для всех

Beauty and the Beast

Красавица и чудовище

Gabrielle-Suzanne Barbot de Villeneuve

English / Русский

Copyright © 2025 Tranzlaty
All rights reserved
Published by Tranzlaty
ISBN: 978-1-83566-988-4
Original text by Gabrielle-Suzanne Barbot de Villeneuve
La Belle et la Bête
First published in French in 1740
Taken from The Blue Fairy Book (Andrew Lang)
Illustration by Walter Crane
www.tranzlaty.com

There was once a rich merchant
Жил-был богатый купец
this rich merchant had six children
у этого богатого купца было шестеро детей
he had three sons and three daughters
у него было три сына и три дочери
he spared no cost for their education
он не жалел денег на их образование
because he was a man of sense
потому что он был человеком здравого смысла
but he gave his children many servants
но он дал своим детям много слуг
his daughters were extremely pretty
его дочери были чрезвычайно хорошенькие
and his youngest daughter was especially pretty
и его младшая дочь была особенно хороша
as a child her Beauty was already admired
еще в детстве ее красотой восхищались
and the people called her by her Beauty
и люди называли ее по ее красоте
her Beauty did not fade as she got older
ее красота не увяла с возрастом
so the people kept calling her by her Beauty
поэтому люди продолжали называть ее по ее красоте
this made her sisters very jealous
это заставило ее сестер очень завидовать
the two eldest daughters had a great deal of pride
две старшие дочери очень гордились
their wealth was the source of their pride
их богатство было источником их гордости
and they didn't hide their pride either
и они не скрывали своей гордости
they did not visit other merchants' daughters
они не навещали дочерей других купцов
because they only meet with aristocracy
потому что они встречаются только с аристократией

they went out every day to parties
они каждый день ходили на вечеринки
balls, plays, concerts, and so forth
балы, спектакли, концерты и т. д.
and they laughed at their youngest sister
и они смеялись над своей младшей сестрой
because she spent most of her time reading
потому что большую часть времени она проводила за чтением
it was well known that they were wealthy
было хорошо известно, что они были богаты
so several eminent merchants asked for their hand
поэтому несколько именитых купцов просили их руки
but they said they were not going to marry
но они сказали, что не собираются жениться
but they were prepared to make some exceptions
но они были готовы сделать некоторые исключения
"perhaps I could marry a Duke"
«возможно, я могла бы выйти замуж за герцога»
"I guess I could marry an Earl"
«Думаю, я могла бы выйти замуж за графа»
Beauty very civilly thanked those that proposed to her
красавица очень вежливо поблагодарила тех, кто сделал ей предложение
she told them she was still too young to marry
она сказала им, что она еще слишком молода, чтобы выходить замуж
she wanted to stay a few more years with her father
она хотела остаться еще на несколько лет со своим отцом
All at once the merchant lost his fortune
Вдруг купец потерял свое состояние.
he lost everything apart from a small country house
он потерял все, кроме небольшого загородного дома
and he told his children with tears in his eyes:
и он сказал своим детям со слезами на глазах:
"we must go to the countryside"

«мы должны поехать в деревню»
"and we must work for our living"
«и мы должны работать, чтобы жить»
the two eldest daughters didn't want to leave the town
две старшие дочери не хотели покидать город
they had several lovers in the city
у них было несколько любовников в городе
and they were sure one of their lovers would marry them
и они были уверены, что кто-то из их возлюбленных женится на них
they thought their lovers would marry them even with no fortune
они думали, что их возлюбленные женятся на них даже без всякого состояния
but the good ladies were mistaken
но добрые дамы ошиблись
their lovers abandoned them very quickly
их возлюбленные очень быстро их бросили
because they had no fortunes any more
потому что у них больше не было состояний
this showed they were not actually well liked
это показало, что на самом деле их не очень любили
everybody said they do not deserve to be pitied
все говорили, что они не заслуживают жалости
"we are glad to see their pride humbled"
«мы рады видеть, что их гордость усмирена»
"let them be proud of milking cows"
«пусть гордятся тем, что доят коров»
but they were concerned for Beauty
но они заботились о красоте
she was such a sweet creature
она была таким милым созданием
she spoke so kindly to poor people
она так любезно говорила с бедными людьми
and she was of such an innocent nature
и она была такой невинной натуры

Several gentlemen would have married her
Несколько джентльменов хотели бы жениться на ней
they would have married her even though she was poor
они бы женились на ней, даже если бы она была бедна
but she told them she couldn't marry them
но она сказала им, что не может выйти за них замуж
because she would not leave her father
потому что она не хотела оставлять своего отца
she was determined to go with him to the countryside
она была полна решимости поехать с ним в деревню
so that she could comfort and help him
чтобы она могла утешить и помочь ему
Poor Beauty was very grieved at first
Бедная красавица сначала очень горевала.
she was grieved by the loss of her fortune
она была опечален потерей своего состояния
"but crying won't change my fortunes"
«но плач не изменит мою судьбу»
"I must try to make myself happy without wealth"
«Я должен попытаться сделать себя счастливым без богатства»
they came to their country house
они приехали в свой загородный дом
and the merchant and his three sons applied themselves to husbandry
а купец и его три сына занялись земледелием
Beauty rose at four in the morning
красавица встала в четыре утра
and she hurried to clean the house
и она поспешила убрать дом
and she made sure dinner was ready
и она позаботилась о том, чтобы ужин был готов
in the beginning she found her new life very difficult
Вначале ей было очень трудно жить новой жизнью.
because she had not been used to such work
потому что она не привыкла к такой работе

but in less than two months she grew stronger
но менее чем за два месяца она окрепла
and she was healthier than ever before
и она была здоровее, чем когда-либо прежде
after she had done her work she read
после того, как она сделала свою работу, она прочитала
she played on the harpsichord
она играла на клавесине
or she sung whilst she spun silk
или она пела, пока пряла шелк
on the contrary, her two sisters did not know how to spend their time
напротив, ее две сестры не знали, как провести свое время
they got up at ten and did nothing but laze about all day
они вставали в десять и ничего не делали, только бездельничали весь день
they lamented the loss of their fine clothes
они оплакивали потерю своей прекрасной одежды
and they complained about losing their acquaintances
и они жаловались на потерю своих знакомых
"Have a look at our youngest sister," they said to each other
«Посмотрите на нашу младшую сестру», — сказали они друг другу.
"what a poor and stupid creature she is"
«какое же она бедное и глупое существо»
"it is mean to be content with so little"
«Подло довольствоваться малым»
the kind merchant was of quite a different opinion
добрый торговец был совсем другого мнения
he knew very well that Beauty outshone her sisters
он прекрасно знал, что красота затмевает ее сестер
she outshone them in character as well as mind
она превзошла их как по характеру, так и по уму
he admired her humility and her hard work
он восхищался ее скромностью и трудолюбием
but most of all he admired her patience

но больше всего он восхищался ее терпением
her sisters left her all the work to do
ее сестры оставили ей всю работу
and they insulted her every moment
и они оскорбляли ее каждую минуту
The family had lived like this for about a year
Семья жила так около года.
then the merchant got a letter from an accountant
затем торговец получил письмо от бухгалтера
he had an investment in a ship
у него были инвестиции в корабль
and the ship had safely arrived
и корабль благополучно прибыл
this news turned the heads of the two eldest daughters
эта новость вскружила голову двум старшим дочерям
they immediately had hopes of returning to town
у них сразу же появилась надежда вернуться в город
because they were quite weary of country life
потому что они были довольно утомлены сельской жизнью
they went to their father as he was leaving
они пошли к отцу, когда он уходил
they begged him to buy them new clothes
они умоляли его купить им новую одежду
dresses, ribbons, and all sorts of little things
платья, ленты и всякие мелочи
but Beauty asked for nothing
но красота ничего не просила
because she thought the money wasn't going to be enough
потому что она думала, что денег будет недостаточно
there wouldn't be enough to buy everything her sisters wanted
не хватило бы денег, чтобы купить все, что хотели ее сестры
"What would you like, Beauty?" asked her father
«Чего бы ты хотела, красавица?» — спросил ее отец.

"thank you, father, for the goodness to think of me," she said
«Спасибо, отец, за доброту, что ты думаешь обо мне», — сказала она.
"father, be so kind as to bring me a rose"
«Отец, будь так добр, принеси мне розу»
"because no roses grow here in the garden"
«потому что здесь в саду не растут розы»
"and roses are a kind of rarity"
"а розы - это своего рода редкость"
Beauty didn't really care for roses
красавица не очень любила розы
she only asked for something not to condemn her sisters
она только просила о чем-то, чтобы не осуждать своих сестер
but her sisters thought she asked for roses for other reasons
но ее сестры думали, что она просила розы по другим причинам
"she did it just to look particular"
«Она сделала это просто чтобы выглядеть особенной»
The kind man went on his journey
Добрый человек отправился в путешествие
but when he arrived they argued about the merchandise
но когда он приехал, они спорили о товаре
and after a lot of trouble he came back as poor as before
и после многих хлопот он вернулся таким же бедным, как и прежде
he was within a couple of hours of his own house
он был в паре часов езды от своего дома
and he already imagined the joy of seeing his children
и он уже представлял себе радость увидеть своих детей
but when going through forest he got lost
но когда он шел через лес, он заблудился
it rained and snowed terribly
шел ужасный дождь и снег
the wind was so strong it threw him off his horse
ветер был настолько сильным, что сбросил его с лошади

and night was coming quickly
и ночь быстро приближалась
he began to think that he might starve
он начал думать, что может умереть с голоду
and he thought that he might freeze to death
и он подумал, что может замерзнуть насмерть
and he thought wolves may eat him
и он думал, что волки могут съесть его
the wolves that he heard howling all round him
волки, которых он слышал воющими вокруг него
but all of a sudden he saw a light
но вдруг он увидел свет
he saw the light at a distance through the trees
он увидел свет вдалеке сквозь деревья
when he got closer he saw the light was a palace
Когда он приблизился, он увидел, что свет был дворцом.
the palace was illuminated from top to bottom
дворец был освещен сверху донизу
the merchant thanked God for his luck
купец поблагодарил Бога за свою удачу
and he hurried to the palace
и он поспешил во дворец
but he was surprised to see no people in the palace
но он был удивлен, не увидев никого во дворце
the court yard was completely empty
двор был совершенно пуст
and there was no sign of life anywhere
и нигде не было никаких признаков жизни
his horse followed him into the palace
его лошадь последовала за ним во дворец
and then his horse found large stable
и затем его лошадь нашла большую конюшню
the poor animal was almost famished
бедное животное почти умерло от голода
so his horse went in to find hay and oats
поэтому его лошадь пошла искать сено и овес

fortunately he found plenty to eat
к счастью, он нашел много еды
and the merchant tied his horse up to the manger
а купец привязал коня к яслям
walking towards the house he saw no one
идя к дому он никого не увидел
but in a large hall he found a good fire
но в большом зале он нашел хороший огонь
and he found a table set for one
и он нашел стол, накрытый для одного
he was wet from the rain and snow
он был мокрый от дождя и снега
so he went near the fire to dry himself
поэтому он подошел к огню, чтобы вытереться.
"I hope the master of the house will excuse me"
«Надеюсь, хозяин дома меня извинит».
"I suppose it won't take long for someone to appear"
«Я полагаю, что не пройдет много времени, как кто-то появится».
He waited a considerable time
Он ждал довольно долго
he waited until it struck eleven, and still nobody came
он ждал, пока не пробило одиннадцать, но никто так и не пришел
at last he was so hungry that he could wait no longer
наконец он был так голоден, что не мог больше ждать
he took some chicken and ate it in two mouthfuls
он взял немного курицы и съел ее в два приема
he was trembling while eating the food
он дрожал, пока ел еду
after this he drank a few glasses of wine
после этого он выпил несколько бокалов вина
growing more courageous he went out of the hall
становясь все смелее, он вышел из зала
and he crossed through several grand halls
и он прошел через несколько больших залов

he walked through the palace until he came into a chamber
он прошел через дворец, пока не пришел в комнату
a chamber which had an exceeding good bed in it
комната, в которой была очень хорошая кровать
he was very much fatigued from his ordeal
он был очень измотан после пережитого испытания
and the time was already past midnight
и время было уже за полночь
so he decided it was best to shut the door
поэтому он решил, что лучше закрыть дверь
and he concluded he should go to bed
и он пришел к выводу, что ему следует пойти спать
It was ten in the morning when the merchant woke up
Было десять утра, когда торговец проснулся.
just as he was going to rise he saw something
как раз когда он собирался встать, он увидел что-то
he was astonished to see a clean set of clothes
он был поражен, увидев чистый комплект одежды
in the place where he had left his dirty clothes
в том месте, где он оставил свою грязную одежду
"certainly this palace belongs to some kind fairy"
«Этот дворец, несомненно, принадлежит какой-то фее»
"a fairy who has seen and pitied me"
« фея , которая увидела меня и пожалела»
he looked through a window
он посмотрел в окно
but instead of snow he saw the most delightful garden
но вместо снега он увидел прекраснейший сад
and in the garden were the most beautiful roses
и в саду были самые красивые розы
he then returned to the great hall
Затем он вернулся в большой зал
the hall where he had had soup the night before
зал, где он ел суп накануне вечером
and he found some chocolate on a little table
и он нашел немного шоколада на маленьком столике

"Thank you, good Madam Fairy," he said aloud
«Спасибо, добрая госпожа фея», — сказал он вслух.
"thank you for being so caring"
«Спасибо за вашу заботу»
"I am extremely obliged to you for all your favours"
«Я чрезвычайно признателен вам за все ваши одолжения»
the kind man drank his chocolate
добрый человек выпил свой шоколад
and then he went to look for his horse
а затем он пошел искать свою лошадь
but in the garden he remembered Beauty's request
но в саду он вспомнил просьбу красавицы
and he cut off a branch of roses
и он срезал ветку роз
immediately he heard a great noise
тотчас он услышал сильный шум
and he saw a terribly frightful Beast
и он увидел ужасно страшного зверя
he was so scared that he was ready to faint
он был так напуган, что был готов упасть в обморок
"You are very ungrateful," said the Beast to him
«Ты очень неблагодарен», — сказал ему зверь.
and the Beast spoke in a terrible voice
и зверь заговорил страшным голосом
"I have saved your life by allowing you into my castle"
«Я спас тебе жизнь, впустив тебя в свой замок»
"and for this you steal my roses in return?"
«И за это ты крадешь мои розы?»
"The roses which I value beyond anything"
«Розы, которые я ценю больше всего на свете»
"but you shall die for what you've done"
«но ты умрешь за то, что ты сделал»
"I give you but a quarter of an hour to prepare yourself"
«Я даю вам всего четверть часа, чтобы подготовиться».
"get yourself ready for death and say your prayers"
«приготовьтесь к смерти и помолитесь»

the merchant fell on his knees
купец упал на колени
and he lifted up both his hands
и он поднял обе руки свои
"My lord, I beseech you to forgive me"
«Мой господин, умоляю вас простить меня».
"I had no intention of offending you"
«Я не имел намерения вас обидеть»
"I gathered a rose for one of my daughters"
«Я сорвал розу для одной из моих дочерей»
"she asked me to bring her a rose"
«она попросила меня принести ей розу»
"I am not your lord, but I am a Beast," replied the monster
«Я не твой господин, но я зверь», — ответило чудовище.
"I don't love compliments"
«Я не люблю комплименты»
"I like people who speak as they think"
«Мне нравятся люди, которые говорят то, что думают»
"do not imagine I can be moved by flattery"
«не думай, что меня можно тронуть лестью»
"But you say you have got daughters"
«Но вы говорите, что у вас есть дочери»
"I will forgive you on one condition"
«Я прощу тебя при одном условии»
"one of your daughters must come to my palace willingly"
«Одна из твоих дочерей должна добровольно приехать в мой дворец»
"and she must suffer for you"
«и она должна страдать за тебя»
"Let me have your word"
«Дай мне слово»
"and then you can go about your business"
«а потом можешь заняться своими делами»
"Promise me this:"
«Пообещай мне это:»
"if your daughter refuses to die for you, you must return

within three months"
«Если твоя дочь откажется умереть за тебя, ты должен вернуться в течение трех месяцев»
the merchant had no intentions to sacrifice his daughters
купец не собирался приносить в жертву своих дочерей
but, since he was given time, he wanted to see his daughters once more
но, поскольку ему дали время, он захотел увидеть своих дочерей еще раз
so he promised he would return
поэтому он пообещал, что вернется
and the Beast told him he might set out when he pleased
и зверь сказал ему, что он может отправиться в путь, когда пожелает.
and the Beast told him one more thing
и зверь сказал ему еще одну вещь
"you shall not depart empty handed"
«Вы не уйдете с пустыми руками»
"go back to the room where you lay"
"возвращайся в комнату, где ты лежал"
"you will see a great empty treasure chest"
«Вы увидите большой пустой сундук с сокровищами»
"fill the treasure chest with whatever you like best"
«Наполните сундук сокровищ тем, что вам больше всего нравится»
"and I will send the treasure chest to your home"
«И я отправлю сундук с сокровищами к тебе домой»
and at the same time the Beast withdrew
и в то же время зверь отступил
"Well," said the good man to himself
«Ну что ж», — сказал себе добрый человек.
"if I must die, I shall at least leave something to my children"
«Если мне суждено умереть, я, по крайней мере, оставлю что-то своим детям»
so he returned to the bedchamber

поэтому он вернулся в спальню
and he found a great many pieces of gold
и он нашел великое множество золотых монет
he filled the treasure chest the Beast had mentioned
он наполнил сундук с сокровищами, о котором говорил зверь
and he took his horse out of the stable
и он вывел свою лошадь из конюшни
the joy he felt when entering the palace was now equal to the grief he felt leaving it
Радость, которую он испытал, войдя во дворец, теперь была равна печали, которую он испытывал, покидая его.
the horse took one of the roads of the forest
лошадь пошла по одной из лесных дорог
and in a few hours the good man was home
и через несколько часов добрый человек был дома
his children came to him
его дети пришли к нему
but instead of receiving their embraces with pleasure, he looked at them
но вместо того, чтобы с удовольствием принять их объятия, он посмотрел на них
he held up the branch he had in his hands
он поднял ветку, которую держал в руках
and then he burst into tears
а потом он разрыдался
"Beauty," he said, "please take these roses"
«Красавица», сказал он, «пожалуйста, возьми эти розы».
"you can't know how costly these roses have been"
«Вы не можете знать, насколько дорогими были эти розы»
"these roses have cost your father his life"
«Эти розы стоили жизни твоему отцу»
and then he told of his fatal adventure
и затем он рассказал о своем роковом приключении
immediately the two eldest sisters cried out
тут же две старшие сестры закричали

and they said many mean things to their beautiful sister
и они сказали много гадостей своей прекрасной сестре
but Beauty did not cry at all
но красавица совсем не плакала
"Look at the pride of that little wretch," said they
«Посмотрите на гордость этого маленького негодяя», — сказали они.
"she did not ask for fine clothes"
«она не просила красивую одежду»
"she should have done what we did"
«Она должна была сделать то, что сделали мы»
"she wanted to distinguish herself"
«она хотела отличиться»
"so now she will be the death of our father"
«Теперь она станет причиной смерти нашего отца»
"and yet she does not shed a tear"
"и все же она не проливает ни слезинки"
"Why should I cry?" answered Beauty
«Почему я должна плакать?» — ответила красавица.
"crying would be very needless"
«плакать было бы совершенно бесполезно»
"my father will not suffer for me"
«мой отец не будет страдать за меня»
"the monster will accept of one of his daughters"
«монстр примет одну из своих дочерей»
"I will offer myself up to all his fury"
«Я отдам себя на растерзание всей его ярости»
"I am very happy, because my death will save my father's life"
«Я очень счастлив, потому что моя смерть спасет жизнь моему отцу»
"my death will be a proof of my love"
«моя смерть будет доказательством моей любви»
"No, sister," said her three brothers
«Нет, сестра», — сказали ее три брата.
"that shall not be"

"этого не будет"
"we will go find the monster"
«Мы пойдем искать монстра»
"and either we will kill him..."
«И либо мы его убьем...»
"... or we will perish in the attempt"
«...или мы погибнем в попытке»
"Do not imagine any such thing, my sons," said the merchant
«Не воображайте ничего подобного, сыновья мои», — сказал купец.
"the Beast's power is so great that I have no hope you could overcome him"
«Сила зверя так велика, что у меня нет надежды, что ты сможешь его одолеть»
"I am charmed with Beauty's kind and generous offer"
«Я очарован добрым и щедрым предложением красоты»
"but I cannot accept to her generosity"
«но я не могу принять ее щедрость»
"I am old, and I don't have long to live"
«Я стар, и жить мне осталось недолго»
"so I can only loose a few years"
«поэтому я могу потерять только несколько лет»
"time which I regret for you, my dear children"
"время, которого мне жаль для вас, мои дорогие дети"
"But father," said Beauty
«Но отец», сказала красавица
"you shall not go to the palace without me"
«Ты не пойдешь во дворец без меня»
"you cannot stop me from following you"
«Ты не можешь помешать мне следовать за тобой»
nothing could convince Beauty otherwise
ничто не могло убедить красоту в противном случае
she insisted on going to the fine palace
она настояла на том, чтобы пойти в прекрасный дворец
and her sisters were delighted at her insistence
и ее сестры были в восторге от ее настойчивости

The merchant was worried at the thought of losing his daughter
Купец был обеспокоен мыслью о потере дочери.
he was so worried that he had forgotten about the chest full of gold
он был так обеспокоен, что забыл о сундуке, полном золота
at night he retired to rest, and he shut his chamber door
ночью он удалился спать и закрыл дверь своей комнаты
then, to his great astonishment, he found the treasure by his bedside
затем, к своему великому удивлению, он нашел сокровище у своей кровати.
he was determined not to tell his children
он был полон решимости не рассказывать своим детям
if they knew, they would have wanted to return to town
если бы они знали, они бы захотели вернуться в город
and he was resolved not to leave the countryside
и он решил не покидать деревню
but he trusted Beauty with the secret
но он доверил красоте свой секрет
she informed him that two gentlemen had came
она сообщила ему, что пришли два джентльмена
and they made proposals to her sisters
и они сделали предложения ее сестрам
she begged her father to consent to their marriage
она умоляла отца дать согласие на их брак
and she asked him to give them some of his fortune
и она попросила его отдать им часть своего состояния
she had already forgiven them
она уже простила их
the wicked creatures rubbed their eyes with onions
злые твари натирали глаза луком
to force some tears when they parted with their sister
чтобы заставить некоторых плакать, когда они расставались со своей сестрой

but her brothers really were concerned
но ее братья действительно были обеспокоены
Beauty was the only one who did not shed any tears
Красавица была единственной, кто не пролил ни слезинки.
she did not want to increase their uneasiness
она не хотела усиливать их беспокойство
the horse took the direct road to the palace
конь направился прямиком во дворец
and towards evening they saw the illuminated palace
и к вечеру они увидели освещенный дворец
the horse took himself into the stable again
лошадь снова пошла в конюшню
and the good man and his daughter went into the great hall
и добрый человек и его дочь вошли в большой зал
here they found a table splendidly served up
Здесь они нашли великолепно сервированный стол.
the merchant had no appetite to eat
у торговца не было аппетита
but Beauty endeavoured to appear cheerful
но красота старалась казаться веселой
she sat down at the table and helped her father
она села за стол и помогла отцу
but she also thought to herself:
но она также подумала про себя:
"Beast surely wants to fatten me before he eats me"
«Зверь наверняка хочет меня откормить, прежде чем съесть»
"that is why he provides such plentiful entertainment"
«Вот почему он обеспечивает такое обильное развлечение»
after they had eaten they heard a great noise
после того как они поели, они услышали сильный шум
and the merchant bid his unfortunate child farewell, with tears in his eyes
и купец простился со своим несчастным ребенком со слезами на глазах

because he knew the Beast was coming
потому что он знал, что зверь приближается
Beauty was terrified at his horrid form
красавица была в ужасе от его ужасного вида
but she took courage as well as she could
но она набралась смелости, как могла
and the monster asked her if she came willingly
и чудовище спросило ее, пришла ли она добровольно
"yes, I have come willingly," she said trembling
«Да, я пришла добровольно», — сказала она, дрожа
the Beast responded, "You are very good"
зверь ответил: «Ты очень хорош».
"and I am greatly obliged to you; honest man"
"и я вам очень обязан; честный человек"
"go your ways tomorrow morning"
"иди своей дорогой завтра утром"
"but never think of coming here again"
"но никогда не думай приходить сюда снова"
"Farewell Beauty, farewell Beast," he answered
«Прощай, красавица, прощай, чудовище», — ответил он.
and immediately the monster withdrew
и тут же чудовище удалилось
"Oh, daughter," said the merchant
«О, дочка», сказал купец
and he embraced his daughter once more
и он обнял свою дочь еще раз
"I am almost frightened to death"
«Я почти до смерти напуган»
"believe me, you had better go back"
«Поверь мне, тебе лучше вернуться»
"let me stay here, instead of you"
«позволь мне остаться здесь вместо тебя»
"No, father," said Beauty, in a resolute tone
«Нет, отец», — сказала красавица решительным тоном.
"you shall set out tomorrow morning"
«Вы отправитесь завтра утром»

"leave me to the care and protection of providence"
«предоставьте меня заботе и защите провидения»
nonetheless they went to bed
тем не менее они пошли спать
they thought they would not close their eyes all night
они думали, что не сомкнут глаз всю ночь
but just as they lay down they slept
но как только они легли, они уснули
Beauty dreamed a fine lady came and said to her:
Красавице приснилось, что пришла прекрасная дама и сказала ей:
"I am content, Beauty, with your good will"
«Я доволен, красавица, твоей доброй волей»
"this good action of yours shall not go unrewarded"
«Этот ваш добрый поступок не останется без награды»
Beauty waked and told her father her dream
Красавица проснулась и рассказала отцу свой сон.
the dream helped to comfort him a little
сон помог ему немного успокоиться
but he could not help crying bitterly as he was leaving
но он не мог не горько плакать, когда уходил
as soon as he was gone, Beauty sat down in the great hall and cried too
как только он ушел, красавица села в большом зале и тоже заплакала
but she resolved not to be uneasy
но она решила не беспокоиться
she decided to be strong for the little time she had left to live
она решила быть сильной в то короткое время, что ей осталось жить
because she firmly believed the Beast would eat her
потому что она твердо верила, что зверь ее съест
however, she thought she might as well explore the palace
Однако она подумала, что могла бы также осмотреть дворец
and she wanted to view the fine castle

и она хотела осмотреть прекрасный замок
a castle which she could not help admiring
замок, которым она не могла не восхищаться
it was a delightfully pleasant palace
это был восхитительно приятный дворец
and she was extremely surprised at seeing a door
и она была крайне удивлена, увидев дверь
and over the door was written that it was her room
а над дверью было написано, что это ее комната
she opened the door hastily
она поспешно открыла дверь
and she was quite dazzled with the magnificence of the room
и она была совершенно ослеплена великолепием комнаты
what chiefly took up her attention was a large library
что больше всего привлекло ее внимание, так это большая библиотека
a harpsichord and several music books
клавесин и несколько нотных тетрадей
"Well," said she to herself
«Ну», — сказала она себе,
"I see the Beast will not let my time hang heavy"
«Я вижу, что зверь не позволит моему времени тянуться».
then she reflected to herself about her situation
затем она задумалась о своей ситуации
"If I was meant to stay a day all this would not be here"
«Если бы мне суждено было остаться на день, всего этого здесь не было бы»
this consideration inspired her with fresh courage
это соображение вселило в нее новую смелость
and she took a book from her new library
и она взяла книгу из своей новой библиотеки
and she read these words in golden letters:
и она прочла эти слова золотыми буквами:
"Welcome Beauty, banish fear"
«Приветствуй красоту, прогони страх»

"You are queen and mistress here"
«Ты здесь королева и хозяйка»
"Speak your wishes, speak your will"
«Выскажи свои желания, выскажи свою волю»
"Swift obedience meets your wishes here"
«Быстрое послушание здесь отвечает вашим желаниям»
"Alas," said she, with a sigh
«Увы», — сказала она со вздохом.
"Most of all I wish to see my poor father"
«Больше всего я хочу увидеть моего бедного отца»
"and I would like to know what he is doing"
"и я хотел бы знать, что он делает"
As soon as she had said this she noticed the mirror
Как только она это сказала, она заметила зеркало.
to her great amazement she saw her own home in the mirror
к своему великому изумлению она увидела в зеркале свой собственный дом
her father arrived emotionally exhausted
ее отец приехал эмоционально истощенным
her sisters went to meet him
ее сестры пошли ему навстречу
despite their attempts to appear sorrowful, their joy was visible
несмотря на их попытки казаться грустными, их радость была видна
a moment later everything disappeared
через мгновение все исчезло
and Beauty's apprehensions disappeared too
и опасения красоты тоже исчезли
for she knew she could trust the Beast
потому что она знала, что может доверять зверю.
At noon she found dinner ready
В полдень она обнаружила, что ужин готов.
she sat herself down at the table
она села за стол
and she was entertained with a concert of music

и ее развлекали концертом музыки
although she couldn't see anybody
хотя она никого не видела
at night she sat down for supper again
ночью она снова села ужинать
this time she heard the noise the Beast made
на этот раз она услышала звук, который издал зверь.
and she could not help being terrified
и она не могла не ужаснуться
"Beauty," said the monster
"красота", сказал монстр
"do you allow me to eat with you?"
«Вы позволяете мне есть с вами?»
"do as you please," Beauty answered trembling
«Делай, как хочешь», — дрожа, ответила красавица.
"No," replied the Beast
«Нет», — ответил зверь.
"you alone are mistress here"
"Ты здесь единственная хозяйка"
"you can send me away if I'm troublesome"
«Вы можете отправить меня прочь, если я доставляю вам неприятности»
"send me away and I will immediately withdraw"
«отправьте меня, и я немедленно уйду»
"But, tell me; do you not think I am very ugly?"
«Но скажите, вы не считаете меня очень уродливым?»
"That is true," said Beauty
«Это правда», — сказала красавица.
"I cannot tell a lie"
«Я не могу лгать»
"but I believe you are very good natured"
"но я считаю, что вы очень добродушны"
"I am indeed," said the monster
«Я действительно», сказал монстр.
"But apart from my ugliness, I also have no sense"
«Но кроме моего уродства, у меня еще и нет никакого

смысла»

"I know very well that I am a silly creature"

«Я прекрасно знаю, что я глупое существо»

"It is no sign of folly to think so," replied Beauty

«Это не признак глупости — так думать», — ответила красавица.

"Eat then, Beauty," said the monster

«Тогда ешь, красавица», — сказало чудовище.

"try to amuse yourself in your palace"

«попробуй развлечься в своем дворце»

"everything here is yours"

«все здесь твое»

"and I would be very uneasy if you were not happy"

«И мне было бы очень не по себе, если бы ты не был счастлив»

"You are very obliging," answered Beauty

«Вы очень любезны», — ответила красавица.

"I admit I am pleased with your kindness"

«Признаюсь, я доволен твоей добротой»

"and when I consider your kindness, I hardly notice your deformities"

«И когда я думаю о твоей доброте, я едва замечаю твои уродства»

"Yes, yes," said the Beast, "my heart is good

«Да, да», — сказал зверь, — «моё сердце доброе».

"but although I am good, I am still a monster"

«но хотя я и хороший, я все равно монстр»

"There are many men that deserve that name more than you"

«Есть много мужчин, которые заслуживают этого имени больше, чем ты»

"and I prefer you just as you are"

"и я предпочитаю тебя таким, какой ты есть"

"and I prefer you more than those who hide an ungrateful heart"

«И я предпочитаю тебя больше, чем тех, кто скрывает неблагодарное сердце»

"if only I had some sense," replied the Beast
«Если бы у меня был хоть какой-то смысл», — ответил зверь.
"if I had sense I would make a fine compliment to thank you"
«Если бы у меня был смысл, я бы сделал вам прекрасный комплимент, чтобы поблагодарить»
"but I am so dull"
"но я такой скучный"
"I can only say I am greatly obliged to you"
«Я могу только сказать, что я вам очень обязан»
Beauty ate a hearty supper
красавица съела сытный ужин
and she had almost conquered her dread of the monster
и она почти победила свой страх перед чудовищем
but she wanted to faint when the Beast asked her the next question
но она хотела упасть в обморок, когда зверь задал ей следующий вопрос
"Beauty, will you be my wife?"
«Красавица, ты будешь моей женой?»
she took some time before she could answer
ей потребовалось некоторое время, прежде чем она смогла ответить
because she was afraid of making him angry
потому что она боялась его разозлить
at last, however, she said "no, Beast"
Но в конце концов она сказала: «Нет, зверь».
immediately the poor monster hissed very frightfully
тут же бедное чудовище зашипело очень страшно
and the whole palace echoed
и весь дворец разнесся эхом
but Beauty soon recovered from her fright
но красавица вскоре оправилась от испуга
because Beast spoke again in a mournful voice
потому что зверь снова заговорил скорбным голосом

"then farewell, Beauty"
"тогда прощай, красавица"
and he only turned back now and then
и он только время от времени оборачивался назад
to look at her as he went out
смотреть на нее, когда он вышел
now Beauty was alone again
теперь красавица снова осталась одна
she felt a great deal of compassion
она чувствовала большое сострадание
"Alas, it is a thousand pities"
«Увы, как жаль»
"anything so good natured should not be so ugly"
«все столь добродушное не должно быть столь уродливым»
Beauty spent three months very contentedly in the palace
Красавица провела три месяца очень счастливо во дворце
every evening the Beast paid her a visit
каждый вечер зверь наносил ей визит
and they talked during supper
и они разговаривали во время ужина
they talked with common sense
они говорили со здравым смыслом
but they didn't talk with what people call wittiness
но они не говорили с тем, что люди называют остроумием
Beauty always discovered some valuable character in the Beast
Красавица всегда находила в звере какую-то ценную черту
and she had gotten used to his deformity
и она привыкла к его уродству
she didn't dread the time of his visit anymore
она больше не боялась его визита
now she often looked at her watch
теперь она часто смотрела на часы
and she couldn't wait for it to be nine o'clock
и она не могла дождаться, когда наступит девять часов.

because the Beast never missed coming at that hour
потому что зверь никогда не пропускал прихода в этот час
there was only one thing that concerned Beauty
было только одно, что касалось красоты
every night before she went to bed the Beast asked her the same question
Каждый вечер перед сном зверь задавал ей один и тот же вопрос:
the monster asked her if she would be his wife
монстр спросил ее, станет ли она его женой
one day she said to him, "Beast, you make me very uneasy"
Однажды она сказала ему: «Зверь, ты заставляешь меня чувствовать себя очень неуютно».
"I wish I could consent to marry you"
«Я бы хотел согласиться выйти за тебя замуж»
"but I am too sincere to make you believe I would marry you"
«но я слишком искренен, чтобы заставить тебя поверить, что я выйду за тебя замуж»
"our marriage will never happen"
«наш брак никогда не состоится»
"I shall always see you as a friend"
«Я всегда буду видеть в тебе друга»
"please try to be satisfied with this"
«пожалуйста, постарайтесь удовлетвориться этим»
"I must be satisfied with this," said the Beast
«Я должен быть удовлетворен этим», — сказал зверь.
"I know my own misfortune"
«Я знаю свое собственное несчастье»
"but I love you with the tenderest affection"
"но я люблю тебя с самой нежной привязанностью"
"However, I ought to consider myself as happy"
«Однако я должен считать себя счастливым»
"and I should be happy that you will stay here"
"и я должен быть счастлив, что ты останешься здесь"
"promise me never to leave me"

«обещай мне никогда не покидать меня»
Beauty blushed at these words
Красавица покраснела при этих словах
one day Beauty was looking in her mirror
Однажды красавица посмотрела в зеркало
her father had worried himself sick for her
ее отец очень беспокоился за нее
she longed to see him again more than ever
она жаждала увидеть его снова больше, чем когда-либо
"I could promise never to leave you entirely"
«Я могу пообещать, что никогда не покину тебя окончательно»
"but I have so great a desire to see my father"
«но у меня такое огромное желание увидеть отца»
"I would be impossibly upset if you say no"
«Я буду невероятно расстроен, если ты скажешь «нет»»
"I had rather die myself," said the monster
«Я бы лучше сам умер», — сказал монстр.
"I would rather die than make you feel uneasiness"
«Я лучше умру, чем заставлю тебя чувствовать беспокойство»
"I will send you to your father"
«Я пошлю тебя к твоему отцу»
"you shall remain with him"
«ты останешься с ним»
"and this unfortunate Beast will die with grief instead"
"а это несчастное животное вместо этого умрет от горя".
"No," said Beauty, weeping
«Нет», — сказала красавица, плача.
"I love you too much to be the cause of your death"
«Я люблю тебя слишком сильно, чтобы стать причиной твоей смерти»
"I give you my promise to return in a week"
«Я обещаю вернуться через неделю»
"You have shown me that my sisters are married"
«Ты показал мне, что мои сестры замужем»

"and my brothers have gone to the army"
«и мои братья ушли в армию»
"let me stay a week with my father, as he is alone"
«Позвольте мне побыть неделю с отцом, так как он один»
"You shall be there tomorrow morning," said the Beast
«Ты будешь там завтра утром», — сказал зверь.
"but remember your promise"
"но помни свое обещание"
"You need only lay your ring on a table before you go to bed"
«Вам нужно просто положить кольцо на стол перед тем, как лечь спать»
"and then you will be brought back before the morning"
«и тогда ты будешь возвращен до наступления утра»
"Farewell dear Beauty," sighed the Beast
«Прощай, дорогая красавица», — вздохнуло чудовище.
Beauty went to bed very sad that night
Красавица легла спать очень грустной той ночью
because she didn't want to see Beast so worried
потому что она не хотела видеть зверя таким обеспокоенным
the next morning she found herself at her father's home
на следующее утро она оказалась в доме своего отца
she rung a little bell by her bedside
она позвонила в маленький колокольчик у своей кровати
and the maid gave a loud shriek
и служанка громко вскрикнула
and her father ran upstairs
и ее отец побежал наверх
he thought he was going to die with joy
он думал, что умрет от радости
he held her in his arms for quarter of an hour
он держал ее в своих объятиях четверть часа
eventually the first greetings were over
в конце концов первые приветствия закончились
Beauty began to think of getting out of bed

красавица начала думать о том, чтобы встать с постели
but she realized she had brought no clothes
но она поняла, что не взяла с собой никакой одежды
but the maid told her she had found a box
но служанка сказала ей, что она нашла коробку
the large trunk was full of gowns and dresses
большой багажник был полон платьев и платьев
each gown was covered with gold and diamonds
каждое платье было покрыто золотом и бриллиантами
Beauty thanked Beast for his kind care
Красавица поблагодарила чудовище за его добрую заботу
and she took one of the plainest of the dresses
и она взяла одно из самых простых платьев
she intended to give the other dresses to her sisters
она намеревалась отдать остальные платья своим сестрам
but at that thought the chest of clothes disappeared
но при этой мысли сундук с одеждой исчез
Beast had insisted the clothes were for her only
зверь настоял на том, что одежда предназначалась только ей
her father told her that this was the case
ее отец сказал ей, что это так
and immediately the trunk of clothes came back again
и тут же сундук с одеждой вернулся обратно
Beauty dressed herself with her new clothes
красавица оделась в свою новую одежду
and in the meantime maids went to find her sisters
а тем временем служанки отправились на поиски ее сестер
both her sister were with their husbands
обе ее сестры были со своими мужьями
but both her sisters were very unhappy
но обе ее сестры были очень несчастны
her eldest sister had married a very handsome gentleman
ее старшая сестра вышла замуж за очень красивого джентльмена
but he was so fond of himself that he neglected his wife

но он был так привязан к себе, что пренебрегал своей женой

her second sister had married a witty man
ее вторая сестра вышла замуж за остроумного человека

but he used his wittiness to torment people
но он использовал свое остроумие, чтобы мучить людей

and he tormented his wife most of all
и больше всего он мучил свою жену

Beauty's sisters saw her dressed like a princess
сестры красавицы увидели ее одетой как принцесса

and they were sickened with envy
и они были больны завистью

now she was more beautiful than ever
теперь она была красивее, чем когда-либо

her affectionate behaviour could not stifle their jealousy
ее ласковое поведение не могло заглушить их ревность

she told them how happy she was with the Beast
она рассказала им, как она счастлива со зверем

and their jealousy was ready to burst
и их ревность была готова взорваться

They went down into the garden to cry about their misfortune
Они спустились в сад, чтобы оплакать свое несчастье.

"In what way is this little creature better than us?"
«Чем это маленькое существо лучше нас?»

"Why should she be so much happier?"
«Почему она должна быть намного счастливее?»

"Sister," said the older sister
«Сестра», — сказала старшая сестра.

"a thought just struck my mind"
"мне только что пришла в голову мысль"

"let us try to keep her here for more than a week"
«Давайте попробуем удержать ее здесь больше недели»

"perhaps this will enrage the silly monster"
«возможно, это разозлит глупого монстра»

"because she would have broken her word"

«потому что она бы нарушила свое слово»
"and then he might devour her"
"и тогда он может ее поглотить"
"that's a great idea," answered the other sister
«Это отличная идея», — ответила другая сестра.
"we must show her as much kindness as possible"
«мы должны проявить к ней как можно больше доброты»
the sisters made this their resolution
сестры приняли это решение
and they behaved very affectionately to their sister
и они вели себя очень ласково со своей сестрой
poor Beauty wept for joy from all their kindness
Бедная красавица плакала от радости от всей их доброты.
when the week was expired, they cried and tore their hair
когда неделя истекла, они плакали и рвали на себе волосы
they seemed so sorry to part with her
им было так жаль расставаться с ней
and Beauty promised to stay a week longer
и красота обещала остаться еще на неделю
In the meantime, Beauty could not help reflecting on herself
В то же время, красавица не могла не задуматься о себе
she worried what she was doing to poor Beast
она беспокоилась о том, что она делает с бедным животным
she know that she sincerely loved him
она знала, что искренне любила его
and she really longed to see him again
и она очень хотела увидеть его снова
the tenth night she spent at her father's too
десятую ночь она тоже провела у отца
she dreamed she was in the palace garden
ей приснилось, что она в дворцовом саду
and she dreamt she saw the Beast extended on the grass
и ей приснилось, что она увидела зверя, распростертого на траве
he seemed to reproach her in a dying voice

он, казалось, упрекал ее умирающим голосом
and he accused her of ingratitude
и он обвинил ее в неблагодарности
Beauty woke up from her sleep
Красавица проснулась ото сна
and she burst into tears
и она разрыдалась
"Am I not very wicked?"
«Разве я не очень злой?»
"Was it not cruel of me to act so unkindly to the Beast?"
«Разве не жестоко с моей стороны было так жестоко поступить со зверем?»
"Beast did everything to please me"
«Зверь сделал все, чтобы мне угодить»
"Is it his fault that he is so ugly?"
«Разве он виноват, что он такой уродливый?»
"Is it his fault that he has so little wit?"
«Разве он виноват, что у него так мало ума?»
"He is kind and good, and that is sufficient"
«Он добрый и хороший, и этого достаточно»
"Why did I refuse to marry him?"
«Почему я отказалась выйти за него замуж?»
"I should be happy with the monster"
«Я должен быть счастлив с монстром»
"look at the husbands of my sisters"
«Посмотрите на мужей моих сестер»
"neither wittiness, nor a being handsome makes them good"
«ни остроумие, ни красота не делают их хорошими»
"neither of their husbands makes them happy"
«ни один из их мужей не делает их счастливыми»
"but virtue, sweetness of temper, and patience"
«но добродетель, кротость нрава и терпение»
"these things make a woman happy"
«Эти вещи делают женщину счастливой»
"and the Beast has all these valuable qualities"
«и у зверя есть все эти ценные качества»

"it is true; I do not feel the tenderness of affection for him"
«это правда; я не чувствую к нему нежности привязанности»
"but I find I have the highest gratitude for him"
«но я чувствую к нему величайшую благодарность»
"and I have the highest esteem of him"
«и я испытываю к нему глубочайшее уважение»
"and he is my best friend"
"и он мой лучший друг"
"I will not make him miserable"
«Я не сделаю его несчастным»
"If were I to be so ungrateful I would never forgive myself"
«Если бы я был таким неблагодарным, я бы себе этого никогда не простил».
Beauty put her ring on the table
красавица положила кольцо на стол
and she went to bed again
и она снова пошла спать
scarce was she in bed before she fell asleep
едва она легла в постель, как тут же уснула
she woke up again the next morning
она снова проснулась на следующее утро
and she was overjoyed to find herself in the Beast's palace
и она была вне себя от радости, оказавшись во дворце зверя.
she put on one of her nicest dress to please him
она надела одно из своих самых красивых платьев, чтобы порадовать его
and she patiently waited for evening
и она терпеливо ждала вечера
at last the wished-for hour came
настал желанный час
the clock struck nine, yet no Beast appeared
часы пробили девять, но зверь не появился
Beauty then feared she had been the cause of his death
Красавица тогда испугалась, что она стала причиной его

смерти

she ran crying all around the palace
она бегала, плача, по всему дворцу

after having sought for him everywhere, she remembered her dream
после того, как она искала его везде, она вспомнила свой сон

and she ran to the canal in the garden
и она побежала к каналу в саду

there she found poor Beast stretched out
там она нашла бедное животное, распростертое

and she was sure she had killed him
и она была уверена, что убила его

she threw herself upon him without any dread
она бросилась к нему без всякого страха

his heart was still beating
его сердце все еще билось

she fetched some water from the canal
она принесла немного воды из канала

and she poured the water on his head
и она вылила воду ему на голову

the Beast opened his eyes and spoke to Beauty
зверь открыл глаза и заговорил с красавицей

"You forgot your promise"
«Ты забыл свое обещание»

"I was so heartbroken to have lost you"
«Я был так убит горем, потеряв тебя»

"I resolved to starve myself"
«Я решил уморить себя голодом»

"but I have the happiness of seeing you once more"
«но я имею счастье увидеть тебя еще раз»

"so I have the pleasure of dying satisfied"
"поэтому я имею удовольствие умереть довольным"

"No, dear Beast," said Beauty, "you must not die"
«Нет, милый зверь, — сказала красавица, — ты не должен умереть».

"Live to be my husband"
«Жить, чтобы быть моим мужем»
"from this moment I give you my hand"
«с этого момента я даю тебе свою руку»
"and I swear to be none but yours"
«И я клянусь быть только твоим»
"Alas! I thought I had only a friendship for you"
«Увы! Я думал, у меня к тебе только дружба».
"but the grief I now feel convinces me;"
«но горе, которое я сейчас чувствую, убеждает меня»;
"I cannot live without you"
"Я не могу жить без тебя"
Beauty scarce had said these words when she saw a light
Красавица едва успела произнести эти слова, как увидела свет
the palace sparkled with light
дворец сверкал светом
fireworks lit up the sky
фейерверк осветил небо
and the air filled with music
и воздух наполнен музыкой
everything gave notice of some great event
все предвещало какое-то великое событие
but nothing could hold her attention
но ничто не могло удержать ее внимание
she turned to her dear Beast
она повернулась к своему дорогому зверю
the Beast for whom she trembled with fear
зверь , перед которым она дрожала от страха
but her surprise was great at what she saw!
но ее удивление было велико, когда она увидела то, что она увидела!
the Beast had disappeared
зверь исчез
instead she saw the loveliest prince
вместо этого она увидела прекраснейшего принца

- 36 -

she had put an end to the spell
она положила конец заклинанию
a spell under which he resembled a Beast
заклинание, под действием которого он напоминал зверя
this prince was worthy of all her attention
этот принц был достоин всего ее внимания
but she could not help but ask where the Beast was
но она не могла не спросить, где зверь
"You see him at your feet," said the prince
«Вы видите его у своих ног», — сказал принц.
"A wicked fairy had condemned me"
«Злая фея осудила меня»
"I was to remain in that shape until a beautiful princess agreed to marry me"
«Я должен был оставаться в этом облике до тех пор, пока прекрасная принцесса не согласится выйти за меня замуж».
"the fairy hid my understanding"
«фея спрятала мое понимание»
"you were the only one generous enough to be charmed by the goodness of my temper"
«Ты был единственным, кто был настолько великодушен, что тебя очаровала доброта моего характера»
Beauty was happily surprised
красавица была приятно удивлена
and she gave the charming prince her hand
и она протянула руку прекрасному принцу
they went together into the castle
они вместе пошли в замок
and Beauty was overjoyed to find her father in the castle
и красавица была вне себя от радости, обнаружив своего отца в замке
and her whole family were there too
и вся ее семья тоже была там
even the beautiful lady that appeared in her dream was there
даже прекрасная леди, которая явилась ей во сне, была

там
"Beauty," said the lady from the dream
"красота", сказала дама из сна
"come and receive your reward"
«приди и получи свою награду»
"you have preferred virtue over wit or looks"
«Вы предпочли добродетель уму или внешности»
"and you deserve someone in whom these qualities are united"
«И ты заслуживаешь того, в ком эти качества объединены»
"you are going to be a great queen"
«Ты будешь великой королевой»
"I hope the throne will not lessen your virtue"
«Надеюсь, трон не умалит твоей добродетели»
then the fairy turned to the two sisters
затем фея повернулась к двум сестрам
"I have seen inside your hearts"
«Я видел, что внутри ваших сердец»
"and I know all the malice your hearts contain"
«И я знаю всю злобу, что таится в ваших сердцах»
"you two will become statues"
«Вы двое станете статуями»
"but you will keep your minds"
"но вы сохраните свой разум"
"you shall stand at the gates of your sister's palace"
«Ты будешь стоять у ворот дворца твоей сестры»
"your sister's happiness shall be your punishment"
«Счастье твоей сестры будет твоим наказанием»
"you won't be able to return to your former states"
«Вы не сможете вернуться в свои прежние состояния»
"unless, you both admit your faults"
«если только вы оба не признаете свои ошибки»
"but I am foresee that you will always remain statues"
"но я предвижу, что вы навсегда останетесь статуями"
"pride, anger, gluttony, and idleness are sometimes conquered"

«гордыня, гнев, чревоугодие и праздность иногда побеждаются»
"but the conversion of envious and malicious minds are miracles"
« но обращение завистливых и злобных умов — это чудеса»
immediately the fairy gave a stroke with her wand
тут же фея взмахнула палочкой
and in a moment all that were in the hall were transported
и в один миг все, кто был в зале, перенеслись
they had gone into the prince's dominions
они отправились во владения принца
the prince's subjects received him with joy
подданные принца приняли его с радостью
the priest married Beauty and the Beast
священник женился на красавице и чудовище
and he lived with her many years
и он прожил с ней много лет
and their happiness was complete
и их счастье было полным
because their happiness was founded on virtue
потому что их счастье было основано на добродетели

The End
Конец

www.tranzlaty.com

www.ingramcontent.com/pod-product-compliance
Lightning Source LLC
Chambersburg PA
CBHW012013090526
44590CB00026B/3986